Bibliografische Information der Deutschen Nationalbibliothek:

Die Deutsche Nationalbibliothek verzeichnet diese Publikation in der Deutschen Nationalbibliografie; detaillierte bibliografische Daten sind im Internet über http://dnb.d-nb.de abrufbar.

Impressum:

Copyright © 2015 Studylab

Ein Imprint der GRIN Verlag, Open Publishing GmbH

Druck und Bindung: Books on Demand GmbH, Norderstedt, Germany

Coverbild: ei8htz

Dominik Jesse

Jahrmarkt der Miniatur-
menschlichkeiten

Die Inszenierung von Kleinwuchs in den
*Freak Show*s der USA 1840-1940

Inhaltsverzeichnis

Beschädigte Identität: Einleitung

> „there's something wrong, not too wrong,
> but that which is wrong (too small)
> is of the utmost import" (Ablon 1984: 29)

Als „klein",, bezeichnet oder angesehen zu werden, ist eine Sache der Relation. Das bedeutet, dass die Bezeichneten von den Bezeichnenden in Beziehung zu einer bestimmten oder unbestimmten Vergleichsgruppe gesetzt werden, die physisch größer ist. Je stärker jene Vergleichsgruppe zahlenmäßig auftritt, desto mehr wird deren durchschnittliche physische Größe zu einer erwünschten Norm. Menschen, die die physische Norm über ein zu tolerierendes Maß hinaus unterschreiten, repräsentieren unweigerlich den unerwünschten Gegenentwurf zur erwünschten Norm und werden als andersartig betrachtet. Aus dieser physischen Andersartigkeit werden durch die Bezeichnenden (meist negative) Verallgemeinerungen über den Charakter der Bezeichneten abgeleitet. Solch eine Stigmatisierung verzerrt die eigentliche Identität der Bezeichneten zu einer „spoiled identity" (Goffman 1963). Tritt die Unterschreitung der als Norm geltenden Körpergröße in Form einer extremen Abweichung und mithin als „Kleinwuchs" auf, erhält sie als eklatanter Bruch mit den größenspezifischen Erwartungen die Tendenz, bei den „normal" großen Mitmenschen starke Reaktionen wie Mitleid, Ablehnung, Belustigung, Neugier oder Faszination und das Bedürfnis nach Interpretation oder Spekulation hervorzurufen. Dass Kleinwuchs aufgrund solcher erwartungsgemäß starken Reaktionen seitens der Mitmenschen auch immer kommerziell ausgebeutet werden konnte und wurde, ist ein historischer Fakt, der insbesondere auf die USA im 19. und 20. Jahrhundert zutrifft, die mit ihren *Freak Show*s die europäische Tradition der Kuriositätenausstellungen nicht nur aufgriffen, sondern an Lebendigkeit und kreativer Potenz weit übertrafen. In diesen *Freak Show*s wurden Kleinwüchsige im Rahmen einer hoch konventionalisierten Form der Unterhaltung vermarktet (vgl. Gerber 1996: 43), deren Muster sich in den 1840er Jahren herausbildeten und erst in den 1940ern ihren Niedergang erlebten. Basis dieser organisierten Vermarktung war die Anwendung unterschiedlichster Inszenierungsmöglichkeiten, auf die die *Show People* (definiert als Akteure der Unterhaltungsindustrie) zurückgriffen, um Kleinwuchs so zu präsentieren, dass er für ein zahlendes Publikum möglichst attraktiv wurde. Nicht selten avancierten die auf diese Weise in Szene gesetzten „Miniaturmenschen" zu Stars von internationaler Berühmtheit und nahmen auf ihre eigene Inszenierung bisweilen so großen Einfluss (vgl. Howells/Chemers 2005; Roth/

Cromie 1980: 53; Barnum 1871: 601), dass sie diese oft auch außerhalb der *Freak Show*s als Möglichkeit zur „Presentation of Self in Everyday Life" (Goffman 1959) weiterführten. Die Perfektion solcher Inszenierungen war erreicht, wenn wahre und inszenierte Identität eins wurden.

Mit der folgenden Arbeit soll der bisher in der wissenschaftlichen Literatur einmalige Versuch unternommen werden, Muster in der Inszenierung von Kleinwüchsigen aufzudecken und zu untersuchen, ob sich diese Muster in den Jahren zwischen Etablierung und Niedergang der US-amerikanischen *Freak Show*s signifikant verändert haben. Der Fragestellung liegt die Annahme zu Grunde, dass sich die historischen wie gesellschaftlichen Ereignisse und Prozesse innerhalb der zu untersuchenden einhundert Jahre auch auf die Inszenierung von Kleinwüchsigen ausgewirkt haben müssen. Die Schwierigkeit beim Annähern an dieses Thema resultiert nicht nur aus der Abwesenheit einer erschöpfenden Forschungsliteratur,[1] sondern auch daraus, dass die vorliegenden Primärquellen (v.a. Photographien, Ankündigungen, Werbeplakate, Flugblätter, „True Life"-Berichte und Zeitungsartikel) Resultate dieser Inszenierungen waren oder diese mit der Realität verwechselten. Trotzdem oder gerade deshalb stellen sie unschätzbare Zeugnisse dar, die Aufschluss darüber geben, auf welche Weise die damalige Unterhaltungsindustrie Identitäten schuf.

Das Thema wird gemäß folgender struktureller Vorgehensweise behandelt: Nach einer notwendigen Definition dessen, was in dieser Arbeit unter Kleinwuchs zu verstehen ist, wird die Auswahl des historischen Rahmens begründet, der für das Thema gewählt wurde und Entstehung, Blütezeit und Niedergang das Phänomens *Freak Show*s auf der Basis gesellschaftlicher Veränderungen erklärt. Anschließend wird gezeigt, dass die Inszenierungen von *Freak*s nicht auf Kleinwuchs beschränkt blieben, sondern etwas den *Freak Show*s Systeminhä-

---

[1] Keine der größtenteils beeindruckenden Arbeiten, die das Thema berühren, hat sich auf die Inszenierung von Kleinwüchsigen und deren Veränderungen spezialisiert. Die wissenschaftliche Literatur berücksichtigt entweder das Thema *Freak Show* und *Freak*s als Gesamtphänomenen (vgl. v.a. Adams 2001; Bogdan 1988; Drimmer 1991; Fiedler 1978; Hartzman 2006; Nickell 2005; Thompson 1968), konzentriert sich auf psychische oder soziale Herausforderungen für Kleinwüchsige (vgl. u.a. Ablon 1984; Adelson 2005a) oder gibt einen breiten Überblick über das Leben von Kleinwüchsigen im Allgemeinen (vgl. Adelson 2005b). Für die Charakterisierung der einzelnen Inszenierungsmodi wurde insbesondere Bezug genommen auf Bogdan 1988, Howells/Chemers 2005, Merish 1996 und Tuan 1984. Aber auch diese Arbeiten beschreiben nur einen Aspekt der Inszenierung von Kleinwüchsigen. Hervorzuheben sind zudem Hy Roth und Robert Cromie, die mit ihrem Band The Little People (1980) die bisher umfangreichste Sammlung an Photographien von kleinwüchsigen *Freak*s vorgelegt haben.

rentes waren. Erst danach kann die Inszenierung von Kleinwüchsigen im Speziellen dokumentiert werden, indem die herausgearbeiteten Veränderungen der einzelnen Präsentationsmodi jeweils in einem eigenen Kapitel Berücksichtigung finden.

1. *Midgets* und *Dwarfs:* Signifikante Unterschreitungen der Norm

Unter Kleinwüchsigen im Sinne dieser Arbeit sind Menschen zu verstehen, deren Inszenierung als „*Freaks*" lediglich oder hauptsächlich auf einem signifikanten[2] negativen Größen-Unterschied im Verhältnis zur durchschnittlichen Mehrheitsgesellschaft basierte.[3] Diese Definition gilt nur für zwei Gruppen von Kleinwüchsigen, wobei alleiniges Kriterium für eine Zuordnung die körperliche Proportionalität bzw. Disproportionalität war. Die proportionalen Kleinwüchsigen wurden als *Midgets*[4] (dt. „Dreikäsehochs" oder „Kleine Mücken") bezeichnet und sahen wie „small men or women" (Ablon 1984: 5) aus. Sie wiesen völlig normale Körperproportionen auf (vgl. Webster's II New Collegiate Dictionary 1999: 693), entsprachen den gängigen ethnischen, sozialen wie kognitiven Normen der US-amerikanischen (oder europäischen) Mehrheitsgesellschaft und unterschieden sich von dieser lediglich durch ihren extremen Kleinwuchs. Die zweite Gruppe Kleinwüchsiger, die in dieser Arbeit thematisiert wird, bilden die so genannten *Dwarf*s (dt. „Zwerge" oder „Zwerginnen"), deren körperliche Disproportionalität genetische Ursachen hat und sich darin äußert, dass Kopf, Arme oder Beine ungewöhnlich groß oder klein im Vergleich zum Rest des Körpers sind (vgl. Ablon 1984: 3). Der körperlichen Proportionalität der *Midgets*, die wie „ordinary people, only in miniature" (Nickell 2005: 111) wahrgenommen wurden und *lediglich* aufgrund ihrer Größe inszeniert wurden, stand also die Disproportionalität der *Dwarf*s gegenüber, deren Kleinwuchs nicht das einzige, aber das *hauptsächliche* Fundament ihrer Inszenierungen bildete. Beide Bezeichnungen[5] wurden zwar zur damaligen Zeit in Abgrenzung zueinander benutzt, aber

---

[2] Die Größe solcher Kleinwüchsigen lag zwischen ca. 46 cm und 1,20 m (vgl. Roth/Cromie 1980).

[3] Sie sind daher strikt von jenen *Freaks* zu unterscheiden, die in dieser Arbeit nicht thematisiert werden, weil deren Kleinwuchs nur eine von vielen (geistigen oder körperlichen) Anomalien war, deretwegen sie ausgestellt wurden. Dazu gehörten u.a. Menschen mit Mikrozephalie und so genannte „fremde Rassen" oder „diminutive people" (Nickell 2005: 106) wie bspw. „Pygmäen".

[4] Diese ab 1865 aufgekommene und mittlerweile als pejorativ abgelehnte Bezeichnung (vgl. Ablon 1984: 5 FN 3) wird in dieser Arbeit als historischer Fachbegriff verwendet, denn sie war auch unter den Kleinwüchsigen selbst gängig und bis in die 1950er Jahre akzeptiert. Heute sind die Begriffe „hypophysäre" oder „proportionale „ Kleinwüchsige" geläufig.

[5] In der Zirkussprache hießen alle Kleinwüchsigen „runts" (dt. Kümmerlinge) (vgl. Ostman 1996: 123).

nicht immer mit aller Konsequenz (vgl. Roth/Cromie 1980: 22).[6] Im Großen und Ganzen galten *Midgets* nach US-amerikanischer Auffassung aufgrund ihrer physischen Proportionalität als ästhetischer (vgl. Howells/Chemers 2005) als *Dwarf*s, deren äußere Erscheinung vom physischen Ideal der Mehrheitsgesellschaft in zweifacher Weise (Kleinwuchs und Disproportion) abwich. *Midgets* waren daher höher angesehen, denn „beautiful as they were, they were not *Dwarf*s" (Sketch 1863: 9). Solch eine Unterscheidung zwischen *Midgets* und *Dwarf*s wurde nicht nur von den Veranstaltern der *Freak Show*s und ihrem Publikum gemacht,[7] sondern auch von den unmittelbar Betroffenen selbst, die damit eine Art Hierarchie der Kleinwüchsigen ausdrückten. Aus Daten, die im Rahmen einer breit angelegten Studie 1933 im Auftrag der U.S. Eugenics Records Office in Chicago gesammelt wurden, wird ersichtlich, dass sich Kleinwüchsige selbst strikt in die ein oder andere Gruppe einordneten und mithin ebenso strikt von der jeweils anderen abgrenzten, um ihren jeweiligen (Vermarktungs-)Wert für die Unterhaltungsindustrie aufgrund ihrer Inszenierungsmöglichkeiten hervorzuheben (vgl. Howells/Chemers 2005). Insbesondere *Midgets* sahen es als Beleidigung an, mit einem *Dwarf* auf gleiche Stufe gestellt zu werden, denen sie sich auf der Basis physischer Attraktivität und mithin größerer Erfolgsaussicht als *Show People* überlegen fühlten (vgl. Gresham 1953: 99). Dabei muss explizit auf ein Dilemma in der gesellschaftlichen Wahrnehmung zu Ungunsten der *Midgets* hingewiesen werden, das paradoxerweise mit genau dieser profitableren Attraktivität in Zusammenhang steht. Mögen *Dwarf*s aufgrund ihrer zweifachen „undesired differentness" (Goffman 1963: 5) auch mehrheitlich als unattraktiv wahrgenommen worden und deshalb weniger erfolgreich innerhalb des Show Business gewesen sein, so wurden sie doch nicht für Kinder gehalten wie die *Midgets* (vgl. Drash, Greenberg und Money 1968: 578f).[8] Niemand „ever mistakes a *Dwarf* for a child, and it seems easier for a man to resign himself to be-

---

[6] Selbst die Encyclopædia Britannica von 1910/11 macht keinen Unterschied, sondern führt unter dem Stichwort „*Dwarf*" den *Midget* Charles Stratton an, der als „General Tom Thumb" inszeniert wurde (s.v. „*Dwarf*"). Erst in der Encyclopædia Britannica von 1947 wird eine klare Unterteilung zwischen „those who are normal in proportions and the disproportionate" gezogen (s.v. „*Dwarf*").

[7] Für die Mediziner und Eugeniker des 20. Jahrhunderts war eine Klassifikation zwischen *Midgets* und *Dwarf*s bis in die 1940er Jahre von eher untergeordnetem Interesse (vgl. Howells/Chemers 2005).

[8] Auch im Skandalfilm „*Freaks*" (1932) erscheint der *Midget* als infantilisiertes, „entmanntes" Opfer, dem der *Dwarf* als „männlicher" Rächer (vgl. 58:40-58:47) gegenübersteht.

ing thought ugly than for him to be considered 'cute'" (Gresham 1953: 99).[9] Dieser wichtige Aspekt der Niedlichkeit („Cuteness", vgl. Merish 1996) und die damit verbundene unterschiedliche Wahrnehmung von *Midgets* und *Dwarf*s wird im Laufe diese Arbeit an anderer Stelle aufgegriffen, weil sie die Grundlagen für die Inszenierung von Kleinwuchs in den US-amerikanischen *Freak Show*s bildete.

---

[9] Auch weibliche *Midgets* wurden als niedliche Kinder wahrgenommen. Die kleinwüchsige Lavinia Warren berichtet davon, wie der Impuls des damaligen Präsidentschaftskandidaten, die erwachsene Frau wie ein Kind anzufassen, bei ihr große Schamgefühle ausgelöst hat (vgl. Saxon 1979: 44f).

2. Institutionalisierte Legitimation: Die *Freak Show*s von 1840 bis 1940

Der Begriff *Freak Show* wird in dieser Arbeit definiert als eine „formally organized exhibition of people with alleged and real physical, mental, or behavioral anomalies for amusement and profit" (Bogdan 1988: 10). Trifft der kommerzielle Gedanke dieser Definition auch auf die früheren eher ungeordneten Einzelausstellungen von *Freaks* zu, setzt der Aspekt der formellen Organisation erst in den 1840ern ein, als die Ausstellungen menschlicher Exponate *(Freaks)*[10] an strukturierte Institutionen wie zunächst Museen und später Zirkusse, Jahrmärkte, Freizeitparks, Varieté (*Vaudeville*) und Weltausstellungen angebunden wurde, die alle zusammen die damalige Unterhaltungs-Welt bildeten. Wie im Verlauf dieses Kapitels zudem gezeigt wird, setzten insbesondere im 20. Jahrhundert gesellschaftliche und politische Prozesse ein, die dazu führten, dass der akzeptierte Umstand, Menschen der Unterhaltung und des Geldes wegen auszustellen (vgl. Bogdan 1988: 269; Adams 2001: 1f), seine Legitimation verlor, so dass die *Freak Show*s als respektable Unterhaltungsform in den 1940ern ihren Niedergang erleben mussten (vgl. Dennett 1996: 315). Damit ist der historische Rahmen nachvollziehbar, innerhalb dessen die Inszenierung von Kleinwuchs in den US-amerikanischen *Freak Show*s untersucht werden soll.

Die Institutionalisierung von *Freak Show*s setzte mit Phineas Taylor Barnum (1810-1891) ein, der als erster seiner Zeit das kommerzielle Potential von *Freak Show*s erkannte, sie an die Museen anband und damit die institutionelle Konzeption und feste Verankerung der *Freak Show*s in der US-amerikanischen Unterhaltungsbranche einleitete (vgl. Fretz 1996: 97). In einer Zeit, in der allein auf wissenschaftliche Bildung fokussierte Einrichtungen als langweilig galten und deshalb um ihr wirtschaftliches Überleben kämpfen mussten (vgl. Adams 2001: 27) und wiederum Freizeitunterhaltung ohne Bildungscharakter beargwöhnt wurde (vgl. Bogdan 1988: 31), kam die Vereinigung von „scientific investigation and mass entertainment" (Adams 2001: 27) einem Geniestreich gleich. In seinem 1842 eröffneten American Museum in New York City machte Barnum die *Freak Show*s zur Hauptattraktion (vgl. Bogdan 1988: 32). Während der Bil-

---

[10] Der Begriff *Freak* wird in dieser Arbeit als Fachbegriff verwendet, da er innerhalb der US-amerikanischen Unterhaltungskultur bis mindestens in die 1930er Jahre hinein Akzeptanz und Anwendung fand (vgl. Bogdan 1988: 271; Nickell 2005: 80). Ihn aus Gründen politischer Korrektheit durch euphemistische Bezeichnungen wie „Very Special People" (Drimmer 1991: xii) zu ersetzen hieße, ihn vom historischen Kontext zu entkoppeln.

dungscharakter der Museen durch die Anwesenheit von Wissenschaftlern und Medizinern erhalten blieb (vgl. Adams 2001: 28), konnte das zahlungskräftige Laien-Publikum den Besuch der rein auf Show ausgerichteten Ausstellungen menschlicher Exponate als „moral respectability" (McKennon 1972: 18) und sich selbst als „cultured ladies and gentlemen" (Isman 1924: 79) rechtfertigen. Barnum nutzte aber nicht nur den „conflict for legitimacy and audience" (Adams 2001: 28), sondern auch den wissenschaftlichen Drang zu einem Diskurs über die Ursache menschlicher Fehlbildungen aus (vgl. Bogdan 1988: 29). Da die Wissenschaftler bis zum ausgehenden 19. Jahrhundert größtenteils wenig mehr als interessierte Amateure waren (vgl. Miller 1970: vii; Daniels 1968: 7), konnten sie kein Regulativ zu den aus heutiger Sicht haarsträubenden und reißerischen Erklärungen für die gezeigten Anomalien sein, die von den *Show People* der reinen Vermarktung wegen angeboten wurden (vgl. Daniels 1968). Diese Erklärungen korrespondierten mit einer systematischen Inszenierung von *Freaks*, die bis in die 1940er Jahre Bestandteil der Show-Welt bleiben sollte und über Photographien, Broschüren und andere Formen aggressiver Werbung betrieben wurde. Unter dem kommerziellen Motto „privileged appearance over essence" (Fretz 1996: 98) zeigten sich die Inszenierungen stets als theatralische Szenarien, in denen *Freaks* gemäß stereotyper Rollenmodelle agierten (vgl. Fretz 1996: 101f).

Die von Barnum angestoßene Anbindung von *Freak Shows* an respektable Institutionen der Bildung und Wissenschaft und die standardisierte Inszenierungsweise von *Freaks* erreichten ihren Höhepunkt in den 1880ern und 1890ern in Folge des stetig wachsenden Marktes für Unterhaltungsangebote. Die Blütezeit der *Freak Shows* stand diesbezüglich nicht nur in Zusammenhang mit dem wirtschaftlichen Fortschritt seit dem Beginn der US-amerikanischen Industrialisierung (vgl. Mitchell 1979) und dem damit einhergehenden Wohlstand (vgl. Gerber 1996: 43), sondern auch mit dem steigenden Bedarf an Entertainment für die Menschen in den wachsenden Metropolen (vgl. Thomson 1996: 11) und der Humanisierung des Arbeitsmarktes mit seinen kürzer werdenden Arbeitswochen bei gleichzeitig erhöhter Nachfrage nach adäquaten Freizeitgestaltung. Hinzu kamen immer neue Technologien, die eine quantitative wie qualitative Diversifizierung des Entertainment vorantrieben, an deren Ende die Weltausstellungen und großen Freizeitparks des 20. Jahrhunderts standen (vgl. Adams 2001: 27; Dennett 1996: 318).

War es die Wissenschaft des 19. Jahrhunderts, die den *Freak Shows* ihre Legitimation gab, so war es die Wissenschaft des 20. Jahrhunderts, die sie ihnen wieder entzog (vgl. Bogdan 1988: 67). Der große historische Wandel, der sich im Umgang mit dem physisch anderen Körper ereignete, vollzog sich ab den 1910ern als eine Begleiterscheinung der so genannten „Entzauberung der Welt" (Weber 1919: 9). Mehr und mehr hörten dramatisch inszenierte *Freaks* auf, eine interpretative Nische zu füllen. Mit voranschreitenden wissenschaftlichen und medizinischen Erkenntnissen und Entdeckungen über den wahren Grund von Fehlbildungen wurden menschliche Anomalien entmystifiziert (vgl. Bogdan 1988: 63) und als „krank" klassifiziert (vgl. Circus and Museum *Freaks* 1908: 222; Gilliams 1922: 213ff). *Freaks* hörten spätestens in den 1930ern auf, als Kuriositäten betrachtet zu werden (vgl. Lees 1937: 22), deren erklärende Einordnung den *Show People* oblag, und wurden zu Patienten (vgl. Bogdan 1988: 63), deren Diagnosen der sich ab 1900 organisierenden und professionalisierenden Wissenschaftswelt zufielen (vgl. Starr 1982). Während dieser medikalisierende Blick auf die *Freaks* deren Behandlung in staatsfinanzierten, medizinisch betreuten und dem Blick der Öffentlichkeit zu entziehenden Einrichtungen forderte (vgl. Adams 2001: 15), basierte der eugenische dagegen auf Abscheu und Angst. Die seit dem Ende des 19. Jahrhunderts an Einfluss gewinnenden Eugeniker betrachteten *Freaks* nicht als interessante oder unterhaltsame, sondern als „defekte" Lebewesen, die durch die Vererbung ihrer unzureichenden Gene eine Gefährdung für die „gesunde" Gesellschaft (vgl. Bogdan 1988: 278) und deshalb durch Zwangssterilisationen daran zu hindern seien (vgl. Gerber 1996: 45). Im Zusammenhang mit dieser kurz skizzierten medikalisierenden und eugenischen Entwicklung im 20. Jahrhundert erließen zahlreiche US-Bundesstaaten Gesetze, die jede Ausstellung von „any deformed human being or human monstrosity" verbot, es sei denn „for scientific purposes" (Michigan Panal Code 1931; vgl. Dennett 1996: 319).

Neben Medikalisierung und Eugenik sorgten auch die beiden Weltkriege dafür, *Freak Shows* in den 1940er Jahren als Form angemessener Unterhaltung zu delegitimieren. Der erschütternde Eindruck, den die körperliche Versehrtheit der Veteranen auf die Zivil-Bevölkerung hatte, konnte nicht ohne Wirkung auf die Akzeptanz der Ausstellung physisch beeinträchtigter Menschen bleiben. Die verstümmelten Kriegsheimkehrer öffneten den Blick für eine gesellschaftliche Verantwortung gegenüber behinderten Menschen (vgl. Dennett 1996: 318) und für Mitleid als eine neue Möglichkeit, physisch Andersartigen zu begegnen. Was noch an Akzeptanz für die einst so beliebten *Freak Shows* übrig war, verschwand mit der Ausbreitung neuer Medienformen oder ging im Kino auf (vgl. Thomson 1996: 11), das mit seinem Genre des Horrorfilms als Ventil die gleichen Impulse bediente, die einst von den *Freak Shows* aufgefangen worden waren (vgl. Gerber 1996: 45).

Für das Thema dieser Arbeit muss hervorgehoben werden, dass eine direkte Korrelation zwischen Medikalisierung, Eugenik oder Mitleid auf der einen und der Inszenierung von Kleinwüchsigen auf der anderen nicht nachzuweisen ist. Die Darstellung von Kleinwuchs änderte sich im Rahmen der Entwicklungen innerhalb der Unterhaltungsindustrie, nicht aber im Rahmen einer wissenschaftlichen Sichtweise auf den Kleinwuchs an sich. Eine solche setzte erst nach den 1940ern ein.[11] Da Kleinwüchsige - wie im Folgenden mitberücksichtigt - weder in ihrer Inszenierung noch ihrer Interpretation in einem wissenschaftlichen Fokus standen, darf dieser Aspekt unberücksichtigt bleiben. Die wenigen Verknüpfungen zwischen wissenschaftlicher Einschätzung und Inszenierung werden an entsprechender Stelle daher nur der Vollständigkeit wegen erwähnt.

---

[11] Die Kleinwuchs thematisierenden medizinischen Artikel des späten 19. und frühen 20. Jahrhunderts zeigen nur eine Fokussierung auf das Sammeln von Daten zu Körpermaßen, die auch aus heutiger Sicht solch irrelevanten Angaben wie die Länge der Haare mit einbezogen (vgl. Adelson 2005b: 122). In der renommierten Encyclopædia Britannica wird eine medizinische Einordnung von Kleinwuchs erst ab 1968 vorgenommen, wo es heißt, Kleinwuchs sei ein „result from a variety of genetic defects, endocrine deficiencies, nutritional lacks or a combination of these factors" (s.v. „*Dwarfism*"). Diese Beschreibung löste den rein mythischen und historischen Inhalt der Ausgaben bis 1947 ab.

14

3. Systeminhärente Notwendigkeit: Die Inszenierungen von *Freaks*

Wenn im vorangegangenen Kapitel angedeutet wurde, dass die Institutionalisierung der *Freak Shows* auch eine Institutionalisierung der Inszenierungsweise von *Freaks* beinhaltete, dann ist damit gemeint, dass sich Muster der Präsentation von *Freaks* herausbildeten, die zu etwas Systeminhärentem der *Freak Shows* wurden, also zu einem Charakteristikum, ohne das es keine *Freaks* gegeben hätte. Der „*Freak* of nature" war mithin immer ein soziales Konstrukt (vgl. Bogdan 1988: 95) und daher eher ein „*Freak* of culture" (Stewart 1984: 109; vgl. Thomson 1997: 59; Fiedler 1978: 95; Bogdan 1988: xi), denn er wurde durch eine Reihe von Praktiken innerhalb der Unterhaltungskultur in Szene gesetzt (vgl. Adams 2001: 6). Dahinter steckt die Beobachtung, dass *Freaks* nicht einfach nur Menschen mit physischen, geistigen oder Verhaltensanomalien waren, sondern Menschen, deren Andersartigkeit durch eine Vielzahl von Präsentationsmodi hervorgehoben und interpretiert wurde. Die Zusammenfassung all dieser Präsentationsmodi ist es, die in dieser Arbeit als „Inszenierung" bezeichnet wird. Auf welche Weise die jeweiligen *Freaks* inszeniert wurden, war davon abhängig, um welche Art von *Freaks* es sich handelte. Da diese Arbeit lediglich die Inszenierung von Kleinwüchsigen behandelt, ist es ausreichend, sich auf die Gruppe der „*Born Freaks*"[12] zu beschränkten - zu denen auch die Kleinwüchsigen gehörten - und zeitgleich Begriffe zu erläutern, die für ein Verständnis dieser Arbeit hilfreich sind.

Born Freak waren Menschen mit einer angeborenen (oder auch im Laufe ihres Lebens durch Krankheit oder Unfall erworbenen) physischen Anomalie (vgl. Bogdan 1988: 8). Da die „anderen Körper" nach einer erklärenden Interpretation verlangten (vgl. Thomson 1996: 1), die von der damals noch rudimentär entwickelten Wissenschaft nicht gegeben werden konnte (vgl. Adams 2001: 3), hatten die *Show People* leichtes Spiel darin, mit ihren einzig auf drastischen Effekt ausgerichteten Darstellungen von exotischen Herkunftsorten, wundersamen Ereignissen oder schrecklichen Unfällen die „Erklärungshoheit" über die Gründe

---

[12] Abzugrenzen ist diese Bezeichnung von den „Made *Freaks*" (= Menschen, deren physische Andersartigkeit - bspw. übermäßig langes Haar, Tätowierungen oder extremer Körperschmuck - selbst beigebracht war), von den „Novelty Acts" oder „Working Act" (mit Bezug auf besondere Fähigkeiten wie Feuerschlucken oder Schlangenbeschwören (vgl. Bogdan 1988: 8) sowie von den „Gaffed *Freaks*" deren Anomalien schlichtweg vorgetäuscht wurden (vgl. Nickell 2005: 194-201).

physischer Andersartigkeit zu beanspruchen. Sie vermischten anspruchsvoll klingende Begrifflichkeiten und Klassifikationen der Wissenschaft (vgl. Bogdan 1988: 6) mit gesellschaftlichen Mythen, Klischeebildern und Stereotypen und den Bereich der Interpretation mit dem der Spekulation. Um das Interesse an den Born *Freak* möglichst Gewinn bringend auszunutzen, wurden mit Hilfe von textlichen wie optischen Mitteln einerseits physische Abweichungen übertrieben und andererseits Identitäten fabriziert, die mit diesen Abweichungen korrespondierten. Der äußerliche Aspekt konnte Dank der Möglichkeiten der Photographie hervorgehoben werden, die sich ab etwa 1850 professionalisierte (vgl. Adams 2001: 113). Solche Photographien wurden von *Freaks* bei Vorstellungen (teilweise mit handschriftlichen Signaturen versehen) an Show-Besucher als Souvenirs verkauft (vgl. Ostman 1996: 122) und fanden zunächst als „Cartes de Visite" und ab 1866 als „Cabinet Photos" oder „Cabinet Cards" ihren Weg bis in die privaten Photoalben der Menschen (vgl. Roth/Cromie 1980: 79; Bassham 1978: 3). Auf solchen bildlichen Darstellungen wurde durch die genaue Auswahl von Hintergrund, Kleidung, Pose und Aktion physische Andersartigkeit innerhalb eines genau festgelegten Settings intensiviert (vgl. Bogdan 1988: 13) und individualisiert (vgl. Adams 2001: 117). Waren die Photographien eine Präsentation der körperlichen Abweichung, so dienten so genannte „Pamphlet"„ der Präsentation des (vermuteten) Grundes für diese Abweichung. *Pamphlets*[13] erschienen als lange „True Life"-Berichte, Heftchen, Broschüren oder Flugblätter, aber auch als Zeitungsinserate oder auf Rückseiten von „Cartes de Visite" (vgl. Nickell 2005: 53-62). Darin wurden reißerische, übertriebene und bisweilen schlichtweg erfundene Hintergrundgeschichten erzählt, welche Aufschluss über Natur und Charakteristika der physischen Andersartigkeit zuzulassen vorgaben und die angeblichen Umstände der Entdeckung der jeweiligen *Freaks* berichteten. Diese individuelle *Freak*-Identität wurde mit pseudowissenschaftlichen Einschätzungen und Erklärungen sowie mit (angeblichen) Bemerkungen respektabler Persönlichkeiten zum Grund der beworbenen physischen Andersartigkeit angereichert (vgl. Bogdan 1988: 19) und bisweilen mit Hilfe der „Lectures" bestätigt, die den eigentlichen Ausstellungen der *Freaks* auf der Bühne vorangingen. Solche mündlichen Vorstellungen und Einordnung der „menschlichen Kuriositäten" waren Präsentationen der Bedeutung. Durch die Betonung der Extremart

---

[13] Waren die *Pamphlets* zunächst noch mehrere Seiten lang, verkürzten sie sich zum Ende des 19. Jahrhunderts hin auf kurze Texte auf Rückseiten von Photographien. Ihr abnehmender Umfang ist ein Hinweis auf die abnehmende Akzeptanz solcher Berichte als glaubwürdige Zeugnisse.

der physischen Anomalie auf der einen und die Herausstellung ihrer angeblich wissenschaftlichen Wichtigkeit auf der anderen Seite wurde sowohl dem Umstand großartiger Unterhaltung als auch respektabler Bildung Rechnung getragen (vgl. Thomson 1996: 10). Die Lectures wurden von einem so genannten „Professor" (auch „Talker", „Outside Lecturer" oder „Blower" genannt; vgl. Bogdan 1988: 94) gegeben, der trotz seines (weißen Kittels und) seriösen Auftretens immer ein bezahlter *Showman* war, wenn nicht sogar der *Freak*-Manager selbst. Dieser begleitete oft auch selbst das *„Staging"*, die wichtigste Inszenierungsweise von *Freaks*. In diesem lebendigen Auftritt vor Publikum, der in genau festgelegten Kostümen und eingeübter Choreographie (*„Performance"*) vonstatten ging, kamen alle Präsentationsmodi zusammen. Doch nun konnte auch das räumliche Verhältnis zwischen Publikum und *Freak* hergestellt und der Unterschied zwischen dem „Wir" und dem „Sie" auf eine möglichst emotionale Weise hervorgehoben werden, wenn *Freaks* entweder auf einer Bühne oder in einer Vertiefung betrachtet werden durften. Bereits im Vorfeld solcher Ausstellungen war es eine beliebte Taktik seitens der *Show People*, *Freaks* nur im Rahmen der eigentlichen Show dem Publikum zu zeigen und sie ansonsten dem normalen öffentlichen Leben und mithin „Gratis-Blicken" zu entziehen (vgl. Bogdan 1988: 104; Roth/Cromie 1980: 42). Das räumliche Verhältnis basierte also immer auf einer strikten Trennung von „on stage" und „off stage" einerseits und von betrachtendem Subjekt (Zuschauer) und betrachtetem Objekt (*Freak*) andererseits.

Die Tatsache, dass zur Inszenierung von *Freaks* immer auch auf Betrug zurückgegriffen wurde, war als beabsichtigter und akzeptierter Bestandteil der „amusement world[,] an extension of the *Showman*'s approach to life" (Bogdan 1988: 93). Aber auch die meisten *Freaks* waren *Show People* und als solche an ihrer eigenen Inszenierung aktiv beteiligt. Da ihnen diverse Arbeitsmöglichkeiten außerhalb der Entertainment-Branche bis weit ins 20. Jahrhundert verwehrt blieben, boten ihnen die *Freak Show*s eine „opportunity for fame, wealth, glamour, and the chance to develop their art" (Gerber 1996: 47). Resultat war, dass sich die *Freaks* mit der Show-Kultur identifizierten und sich darin verorteten (vgl. Bogdan 1988: 70).

4. Große Belustigung: Die Inszenierung von Kleinwuchs

Nachdem im vorangehenden Kapitel die institutionalisierte Inszenierungsweise (bestehend aus Intensivierung der Andersartigkeit und Fabrikation einer individuellen Identität) der *Born Freaks* im Allgemeinen charakterisiert wurde, kann nun die Inszenierung der Kleinwüchsigen im Speziellen untersucht werden. Dafür muss an die Unterschiedlichkeit von *Midgets* und *Dwarfs* erinnert werden, die aufgrund ihrer physischen Realitäten (Proportionalität oder Disproportionalität) verschieden in Szene gesetzt wurden. Nachweislich kam diese Unterscheidung (sowohl in Namen als auch inszenatorischer Möglichkeit) erst mit den *Freak Shows* auf. Während das historische Phänomen der „Hofzwerge" insbesondere im Europa zwischen 1600 und 1800 noch ohne diesen Unterschied auskam, trat er in den US-amerikanischen *Freak Shows*, die eindeutig auf dieses Phänomen referierten, klar hervor. Interessanterweise ist dieses Konzept der zur höfischen Unterhaltung dienenden Kleinwüchsigen (vgl. Johnston 1963; Tuan 1984) in den *Freak Shows* aber allein auf die *Midgets* übertragen worden.

Das Konzept der „Hofzwerge", die den Herrschenden als „comic relief" (Gerber 1996: 43) dienlich sein sollten, zeigte sich als Dichotomie von „dominance and affection" (vgl. Tuan 1984). Es beruhte darauf, dass die am Hofe lebenden Kleinwüchsigen wie Haustiere[14] je nach „the master's or mistress's pleasure" (Adelson 2005b: 21) entweder verhätschelt oder beherrscht werden konnten. Weder „dominance" noch „affection", die der Hof den Kleinwüchsigen entgegenbrachte, basierte auf Respekt oder Mitleid, sondern auf einer Art Amüsiertheit, die durch einen großen emotionalen Abstand den kleinwüchsigen Untergebenen gegenüber empfunden wurde (vgl. Tuan 1984: 154-61). Wäre den Kleinwüchsigen durch Respekt eine größere emotionale Nähe (und ein daraus folgendes Verständnis für deren körperliches Leiden) gewährt worden, wäre das Amusement durch Mitleid oder Bedauern gestört worden (vgl. Tuan 1984).[15] Das

---

[14] Die unbewusste Korrelation zwischen Kleinwüchsigen und Haustieren trat in den *Freak Shows* bisweilen auch bewusst auf, wenn es bspw. über die proportional kleinwüchsige Lavinia Warren heißt, „we approach this petite piece of humanity with love, and make a pet of her" (Sketch 1863: 3).

[15] Mitleid Kleinwüchsigen gegenüber war aus den genannten Gründen auch nie ein Inszenierungsmodus in den *Freak Shows*. Es „did not fit in with the world of amusement, where people used their leisure and spent their money to have fun, not to confront human suffering" (Bogdan 1988: 277). Die ersten, die prägnant und sensibel Mitleid Kleinwüchsigen gegenüber äußerten, waren die Journalisten Walter Bodin and Barnet Hershey in ihrem Buch It's a Small World: All About *Midgets* (vgl. 1934).

Amusement der Höfe fußte darauf, dass die Kleinwüchsigen sowohl auf verniedlichende als auch absurde Weise ausstaffiert und benannt wurden, um ihre größenspezifische Inferiorität auf zwei Arten hervorzuheben. Nicht nur verniedlichende Bezeichnungen wie „Bébé" oder „Joujou" machten es schwer, die Bezeichneten als erwachsene Menschen ernst zu nehmen (vgl. Adelson 2005b: 20), sondern auch übertrieben grandios klingende Namen wie „Sokrates" oder „Alexander der Große", die in satirischem Kontrast zur Körpergröße der Betitelten standen. Dabei spielte die Verniedlichung darauf an, Kleinwüchsigen den Status eines Erwachsenen abzusprechen und sie zu Kindern zu degradieren, während der Modus der Absurdität dem Wunsch der Kleinwüchsigen, den Status und mithin die Privilegien von Erwachsenen zu erhalten (vgl. Merish 1996: 191), auf übertriebene und verballhornende Weise zu entsprechen vorgab.

Während dieses historische Vorbild aus Niedlichkeit und Absurdität im Umgang mit Kleinwüchsigen in der Inszenierung von *Midgets* in den US-amerikanischen *Freak Show*s aufgegriffen wurde, traf dies nicht für die *Dwarf*s zu, deren disproportionaler Kleinwuchs sie eher als „absonderlich zu kurz geratene" (mithin grotesk und verhunzt wirkende) Erwachsene auswies und nicht als in sich harmonische und hübsch anzusehende Miniaturmenschen. Da sie aufgrund dieser physischen „Unattraktivität" in den *Freak Show*s kommerziell eher schlecht zu vermarkten waren, erreichten sie selten größere Bekanntheit (vgl. Howells/Chemers 2005), so dass die Spuren, die sie in der historischen Dokumentation hinterließen, nur eine oberflächliche Darstellung ihrer Inszenierungsweise erlauben. Daher wird im nächsten Kapitel zwar eine kurze Berücksichtigung ihrer Präsentationsmöglichkeiten versucht, der Fokus der Darlegungen über die Inszenierung von Kleinwuchs in den *Freak Show*s der USA indes auf die *Midgets* gelegt, deren Präsentationsmuster detaillierter beschrieben werden können.

4.1 Groteske Verhunztheit: Die Inszenierung von *Dwarf*s

Tod Brownings skandalumwittertes Meisterwerk „*Freaks*" (1932) ist nicht nur der einmalige und verstörende Versuch, *Freaks* als gesellschaftlich (bisweilen grausam) agierende Menschen auf der Kinoleinwand zu zeigen, sondern stellt auch eine historisch unschätzbare Quelle (vgl. Adams 2001: 63) für die unterschiedliche Wahrnehmung dar, die *Midgets* und *Dwarf*s in den USA der 1930er Jahre entgegengebracht wurde. Während der *Midget* Hans (gespielt vom etwa 99 cm großen Harry Earles) als infantilisiertes und „entmanntes" Opfer einer Intrige dargestellt wird, das die zur Wiederherstellung seiner Ehre (und der der *Freaks* im Allgemeinen) verübte Rache passiv und im Schlafanzug vom Bett aus

19

dirigiert (vgl. 56:00), tritt der *Dwarf* Angeleno (gespielt vom 88 cm großen Angelo Rossitto) als aktiv und brutal Ausführender inmitten der sich rächenden *Freaks* auf (vgl. 49:19-49:21 und 50:22-50:27). Die Darstellung beider Protagonisten zeigt nicht nur, dass alle *Dwarf*s im Film als wenn auch groteske, so doch zu respektierende (weil zu fürchtende) Kleinwüchsige erscheinen, die der kindlich-niedlichen Hilflosigkeit der *Midgets* (vgl. 27:39-27:45) diametral widersprechen. Es muss auch die Schlussfolgerung gezogen werden, dass *Dwarf*s eindeutig zu den *Freaks* gezählt wurden, die im Sinne des „the hurt of one is the hurt of all" (vgl. 1:57) gemeinsam - aber ohne Hans - agieren. Das kollektive Empfinden der US-amerikanischen Gesellschaft unterschied mithin nachweislich zwischen dem Kleinwuchs der *Dwarf*s und dem der *Midgets*. Während die irgendwie miniaturmenschlichen *Midgets* Reaktionen wie Wohlwollen, Beschützerinstinkt und (amüsierte) Aneilnahme hervorriefen, wurde der Kleinwuchs der *Dwarf*s als grotesk und verhunzt empfunden (vgl. Gerber 1996: 49). Da ihnen aufgrund dieser grotesken Verhunztheit der possierliche Glamour (definiert als betörende Ausstrahlung, der eine gewisse Künstlichkeit anhaftet) der *Midgets* nicht zugestanden werden konnte, traten sie in wenig rühmlichen Rollen wie der von Zirkusclowns auf (vgl. Nickell 2005: 118) oder wurden in den *Freak Show*s auf eine Weise in Szene gesetzt, die als „exotisch" bezeichnet werden muss (vgl. Bogdan 1988: 165). „Exotisch" heißt, dass ihre Inszenierung auf einem ethnischen und kulturellen Flair beruhte, der die so Inszenierten als spezifisch unamerikanisch präsentierte (vgl. Bogdan 1988: 105) und sie als Angehörige anderer Spezies oder Rassen postulierte, die angeblich in einem fernen Erdteil entdeckt wurden. Damit stand ihre Inszenierungsweise in Zusammenhang mit damaligen anthropologischen Forschungsberichten über Völker entlegener Kontinente, die die kollektive Phantasie der US-Amerikaner beflügelnd bedienten (vgl. Clair 1968). Diese exotische Inszenierung beinhaltete meist diffamierende Aspekte, welche die durch die *Show People* fabrizierte Identität der *Dwarf*s mit dem Geschmack einer unzivilisierten, primitiven und minderwertigen Herkunft versah. Zu den wenigen Beispielen der auf diese Weise Berühmtheit erlangenden Kleinwüchsigen gehörte Che-Mah (1838-1926), ein achondroplastischer *Dwarf*, dessen Lebensgeschichte so erfolgreich fabriziert wurde, dass sie kaum mehr hinreichend rekonstruiert werden kann. Angeblich stammte der nur etwa 71 cm große „Chinese *Dwarf*" aus der ostchinesischen Stadt Ningpo und wurde 1881 vom Barnum and Bailey Circus in die USA gebracht (vgl. Roth/Cromie 1980: 17). Jedoch erschien nach seinem Tode das Buch *Big Show: The Life of Dexter Fellows* (vgl. 1936), in dem behauptet wurde, Che-Mah sei eigentlich jüdischer Herkunft gewesen und in London geboren worden, was auch erklären würde, weshalb der angeblich von einer Expedition nach Asien Entdeckte sein Debüt als *Freak* 1880 in London gab (vgl. Hartzman 2006: 27). Auf den Photographien, die noch erhalten geblieben sind, wird Che-Mah in exotisch anmutendem Setting in chinesischer Kleidung mit Fächer, ostasiatischem Bart und langem, zu einem landestypischen dünnen Zopf geflochtenem Haar präsentiert, das aussagekräftig über seine Brust hängt (siehe Abbildung 1).

Ein weiteres Beispiel der im exotischen Modus inszenierten (achondroplastischen) *Dwarfs*, zu denen auch „Chief Debro and Wife, The World's Renowned Esquimaux" (vgl. Bogdan 1988: 165) gehörten, stellt Miss Olof Krarer (1858-1935) dar. Sie wurde als „The Little Esquimaux Lady" in Szene gesetzt und ist auf Photographien meist in einer Art Pelz zu sehen. Die in dem angeblich von ihr selbst verfassten, 18 Seiten umfassenden Büchlein *The Esquimaux Lady: A Story of her Native* (1887) gegebenen haarsträubenden Informationen über ihre selbst postulierte Heimat Grönland - in Wirklichkeit kam sie aus Island - werden auf Photographien aufgegriffen, auf denen Krarer gerne vor einem aus heutiger Sicht grotesk wirkenden Hintergrund aus Eis, Gletschern und Schnee zu sehen ist (siehe Abbildung 2). Mit der romantisch-klischéehaften Präsentation ihrer Herkunft und Kultur stand ihre (auch selbst vehement betriebene) Inszenierungsweise in starkem Zusammenhang mit dem damaligen Interesse der US-Amerikaner für das Leben im hohen Norden, das durch die Nordpolexpeditionen des 19. Jahrhunderts genährt wurde (vgl. Bjornsdóttir 2010).

4.2 Niedlichkeit und Absurdität: Die Inszenierung der Einzelnen

Wenn Roth und Cromie das 19. Jahrhundert als „Century of the Little People" (1980: 23) bezeichnen, so tun sie das mit hauptsächlichem (wenn nicht sogar ausschließlichem) Bezug auf die *Midgets*, deren standardisierte glamouröse Inszenierungsweise in den US-amerikanischen *Freak Show*s maßgeblich auf P. T. Barnum (siehe Abbildung 3) zurückging. Dessen zielgerichtete Präsentation von Charles Sherwood Stratton (1838-1883) als den illustren High Society-Man „General Tom Thumb" (vgl. Drimmer 1991: 155-59) hat nicht nur den berühmtesten *Freak* aller Zeiten geschaffen, sondern auch die Möglichkeiten einer Inszenierung von (proportionalem) Kleinwuchs in den *Freak Show*s vorgegeben. Dabei griff Barnum eindeutig auf das (in Kapitel 4 skizzierte) historische Konzept des Hofzwerges zurück,[16] das er in aller Konsequenz auf Stratton übertrug.

---

[16] Da es in den USA niemals einen Adel nach europäischem Vorbild gegeben hat, ist davon auszugehen, dass das Phänomen der Hofzwerge mittels Erzählungen, Mythen und stereotypen Gedankenmustern durch die Einwanderer aus Europa ins Land gekommen ist.

Im Gegensatz zu den *Dwarf*s, deren exotische Inszenierungsweise eher ihre Inferiorität unterstrich, wurden *Midgets* in einem Modus präsentiert, durch den auf den ersten Blick ihre gesellschaftliche Überlegenheit betont zu werden schien. Diese Inszenierungsweise aus Niedlichkeit und Absurdität setzte insofern Standards in der Präsentation von proportionalem Kleinwuchs, als dass diese in den *Freak Show*s immer wieder aufgegriffen und bestätigt und erst in den *„Midget Cities"* des 20. Jahrhunderts aufgebrochen wurden.

Die Inszenierung von *Midgets* im Sinne von Niedlichkeit und Absurdität basierte auf dem sich tragisch-humoristisch widersprechenden Anspruch „of the 'low' to the status and privileges of the 'high'" (Merish 1996: 191). Um diesen Anspruch besonders unterhaltsam herausarbeiten und zeitgleich *ad absurdum* führen zu können, musste lediglich ein möglichst radikales Missverhältnis zwischen „den Kleinen" als eklatant klein und dem beanspruchten Status nebst daraus abgeleiteter Privilegien als eklatant groß geschaffen werden.[17] Da Proportionalität und Kleinwuchs zwei Charakteristika sind, die in der menschlichen Normalität zur selben Zeit nur in der Gestalt von Kindern auftreten, musste in der Inszenierung von Kleinwüchsigen deren kindliche Niedlichkeit (definiert als ästhetisierte Machtlosigkeit, vgl. Merish 1996: 187) nur noch betont werden, um den ersten Bestandteil des angestrebten Missverhältnisses zu erreichen. Der beanspruchte glamouröse Status als absurder Widerspruch zum Kleinwuchs hingegen bedurfte einer Fabrikation, die dann ihre illusionäre Perfektion erreichte, wenn die wahre Persönlichkeit der inszenierten *Midgets* von der fabrizierten Identität nicht mehr zu unterscheiden war.[18]

Das möglichst große angestrebte Missverhältnis als unterhaltsame Diskrepanz wird bereits aus den Namen ersichtlich - bspw. „Baron Littlefinger", „Princess Tiny", „Great Peter the Small" oder „Major Atom" - unter denen die inszenierten *Midgets* auftraten.[19] Dabei wurde ihr Kleinwuchs sowohl im *Staging* (bspw.

---

[17] Solch ein Missverhältnis in Perfektion zeigte sich bspw. darin, dass die berühmteste Schlacht, die der als Revolutionssoldat oder sogar Napoléon Bonaparte auftretende Charles Stratton, die gegen den Pudel von Königin Victoria war (vgl. Bogdan 1988: 150f).

[18] Im Fall von Charles Stratton vermischten sich Fabrikation und Realität dadurch, dass der durch enorme Werbeanstrengungen zu einer adligen Berühmtheit avancierte Stratton tatsächlich von europäischen Adligen (darunter Queen Victoria) empfangen und mit Geschenken geehrt wurde, die dieser wiederum in den *Freak Show*s vorzeigte, um die Fabrikation zu stützen (vgl. Nickell 2005: 114).

[19] Weitere Beispiele sind „General Mite",„ (dt. General Winzling), „Colonel Speck" (dt. Generaloberst Fleck), „Major Tiny" (dt. Major Winzig), „Princess Wee Wee" (dt. Prinzessin Pipi), „Count Rosebud" (dt. Graf Rosenknospe) oder „Little Lord Robert".

durch auf der Bühne inszenierte Schlachten gegen „Riesen", vgl. Bogdan 1988: 150) als auch auf Photographien[20] übertrieben (vgl. Nickell 2005: 118), indem *Midgets* bspw. neben besonders großen Personen[21] oder Gegenständen posierten oder auf Möbelstücken standen (siehe Abbildung 4). Weitere genutzte Möglichkeiten, den Kleinwuchs zu intensivieren, bestanden darin, das Alter der betreffenden Personen nach oben hin zu korrigieren Diese Praxis wurde ebenfalls bei Charles Stratton angewandt. Als Barnum das damals fünfjährige „diminutive prodigy" (Barnum 1855: 244) zu inszenieren begann, präsentierte er es als Elfjährigen, weil „if he gave the boy's age as five it would be assumed that he was simply small for his age and not a Midget" (Roth/Cromie 1980: 42). oder die Körpergröße in *Pamphlets, Lectures* oder Zeitungsinseraten in Form von Superlativen („the smallest man in the world", A Sketch. c. 1900) und Hyperbeln („small enough to sleep stratched out on his mother's hand", Roth/Cromie 1980: 51) zu kommentieren.

Bezog sich die Intensivierung des Kleinwuchses noch auf offensichtliche physische Realitäten, so vollzog sich die Fabrikation des Status, also die „manufacture of the aristrocratic and the glamorous *Freak*" (Bogdan 1988: 147), von Anfang an über eingeübte Verhaltensweisen,[22] Falschdarstellungen bis hin zum Betrug. Barnum wendete diese Vorgehensweise an, als er den gebürtig aus Bridgeport, Connecticut, stammenden Charles Stratton kurzerhand zum europäischen General erhob. Damit bediente er die damalige US-amerikanische „preference for foreigners" (Barnum 1855: 243f) und stattete den „bright-eyed little fellow" (Barnum 1855: 243) gleichzeitig mit einem „comically imposing rank" (Nickell 2005: 114) aus. Die Fabrikation des Status basierte also immer darauf, den *Midgets* positive Attribute eines höheren Standes zu verleihen (vgl. Bogdan 1988: viii), die auf eine vornehme Abstammung anspielten und durch militärische oder aristokratische Titel unterstrichen wurden. Mit Zigarren, Smoking, Zylinder, Gehstöcken, Sonnenschirmen, Zigarettenhaltern, Uniformen und teuren Kleidern (vgl. Barnum 1871: 584; Roth/Cromie 1980: 93-96) als Insignien einer bes-

---

[20] Insbesondere der Photograph Charles Eisenmann galt als „one of the most popular photographers of little people" (Roth/Cromie 1980: 81).

[21] Bspw. trat der 63,5 cm große „Admiral Dot" neben der 2,10 m großen Anna Swann auf. „General Tom Thumb", damals ca. 64 cm groß, wurde neben dem über 2,10 m großen und über 260 kg schweren Noah Orr (dem „Ohio Giant") ausgestellt (vgl. Dennett 1996: 317).

[22] Barnum verwendete viel Zeit darauf, den anfangs schüchternen Stratton Umgangsformen anzutrainieren, die einer berühmten Persönlichkeit von adligem Rang angemessen schienen (vgl. Barnum 1927: 133-150).

seren Gesellschaft traten die *Midgets* theatralisch auf Bühnen und Photographien hervor und gaben sich mit Napoléon-Geste (Hand in der Weste), verschränkten Armen, zur Schau gestellter Entschlossenheit und snobistischem Gehabe als hochwohlgeboren aus (vgl. Roth/Cromie 1980: 70-74; Bogdan 1988: 108). Die derart präsentierten *Midgets* wurden zudem als besonders gebildet und tugendhaft in Szene gesetzt (vgl. Bogdan 1988: 147) und mit Reichtum und bedeutenden Persönlichkeiten in Zusammenhang gebracht. Solche Hintergrundgeschichten wurden zu Tausenden v.a. in den *Pamphlets* verbreitet (vgl. Harris 1973: 52) und sollten „Heldenhaftes" über die zu inszenierenden *Midgets* berichten.[23] Im Gegensatz zu den *Pamphlets* der anderen *Born Freaks* unterschieden sich die der *Midgets* darin, dass Spekulationen über den medizinischen Grund für ihren Kleinwuchs selten waren oder nie hervorgehoben wurden, da sie ja als überlegene und nicht als entstellte Persönlichkeiten präsentiert werden sollten. Im 19. Jahrhundert wurden viele Fehlbildungen durch die so genannte „maternal impression" erklärt (vgl. Adelson 2005a: 12), womit traumatische Ereignisse während der Schwangerschaft gemeint waren, die sich angeblich auf die Geburt des Kindes auswirkten (vgl. Havelock 1906: 218). Wurde diese „maternal impression" auch als Grund für den Kleinwuchs von bspw. Charles Stratton angeführt (vgl. Desmond 1954: 5), so wurde sie doch niemals hervorgehoben. Stattdessen wurde die attraktive Wohlproportioniertheit der „perfectly formed ladies and gentlemen in miniature" (Saxon 1979: 57) und ihre Intelligenz In der zweiten Hälfte des 19. Jahrhunderts formulierte die so genannte Kraniometrie den Grundsatz, dass die Größe des Gehirns unmittelbar mit der Größe des Intellekts eines Menschen korrespondiere (vgl. Bogdan 1988: 151). Wohl mit Bezug darauf heben die „*Pamphlets*" der Midgets deren „large gifts of intelligence" (Sketch 1863: 11) hervor. unterstrichen, die ihre „edle „ Herkunft zu beweisen schien (vgl. Barnum 1888: 283). Nirgends sind die soeben beschriebenen Inszenierungsmöglichkeiten besser vereint als in einer Zeichnung, die zu einem Zeitungsinserat gehört (vgl. „Half an Hour with General Mite". 26.9.1891: 2), das die Ausstellung von General Mite bekannt gibt (siehe Abbildung 5).

Das *Staging*, das bezüglich der Ausstellung von *Midgets* oft als „Levée" oder „Reception" bezeichnet wurde, um sich von den anderen *Freaks* zu distanzieren und ihre eigene Kuriositätenausstellung zu hochkarätigen und festlichen Ereig-

---

[23] In einem Pamphlet auf der Rückseite einer Cabinet Card ist über „Prince Nicholi, the Russian Prince" zu lesen, wie er dem Zaren die Unschuld seines Vaters beweist und „save[d] his father from many years of prison life, and assisted him in assuming his place in society" (vgl. A Sketch c. 1900).

nissen zu verklären, beinhaltete oft possenhafte Auftritte[24] (vgl. Gerber 1996: 51) und den Verkauf von Gegenständen, die mit dem Kleinwuchs in unmittelbarem Zusammenhang standen (bspw. Miniaturbibeln) (vgl. Bogdan 1988: 103). Dabei war es nicht immer möglich zu sagen, was noch *Staging* und was bereits Realität war. Ein gutes Beispiel dafür ist die Hochzeit von Charles Stratton und der etwa 81 cm großen Mercy Lavinia Warren Bump (1841-1919) am 10.2.1863 in der New Yorker Grace Church, die definitiv auf Liebe und dem wirklichen Wunsch zur Vermählung basierte, aber auch als mediales Großereignis derart in Szene gesetzt wurde (vgl. Barnum 1871: 584), dass sie wie eine Show wirken musste, zumal sie trotz des tobenden US-amerikanischen Bürgerkrieges für drei Tage das Titelblatt der *New York Times* bestimmte. Die Hochzeit der „The Loving *Lilliputians*" (*New York Times*. 11.2.1863) entwickelte sich (v.a. durch das inszenatorische Genie Barnums) zu einer „gay assemblage of the youth, beauty, wealth, and worth of the metropolis" (Sketch 1863: 5), für das gigantische Summen geboten wurden, um daran als geladene Gäste teilnehmen zu dürfen (vgl. Nickell 2005: 116). Als W. H. Baker die „Tom Thumb Wedding" 1898 als Teil der „Baker's Entertainment for Children" veröffentlichte (vgl. Stewart 1996: 191), war er sicherlich nicht der einzige, der dieses Spektakel als niedlich und absurd inszenierte Imitation der Erwachsenenwelt (vgl. Merish 1996: 194; Adams 2001: 82) wertete, die ihren Höhepunkt in der schlichtweg erfundenen, aber folgerichtigen Geburt einer Tochter erreichte (vgl. Saxon 1979: 184), die nun immer wieder auf Photographien erschien (siehe Abbildung 6). Als der Schwindel, den Lavinia Warren 1901 in einem Interview mit den Worten „I never had a baby" (vgl. Bogdan 1988: 157) zugab, drohte aufzufliegen, ließ man es kurzerhand an einer Gehirnentzündung sterben (vgl. Death. 29.9.1866) und verlieh der Inszenierung eine sicherlich höchst willkommene Tragik.

4.3 Niedlichkeit und Talent: Die Inszenierung der Gruppe

Die im vorangegangenen Kapitel dargestellte Inszenierungsweise aus Niedlichkeit und Absurdität (definiert als möglichst offensichtliches Missverhältnis von Körpergröße zu beanspruchtem Status) setzte nachweislich Standards in der Inszenierungsweise von *Midgets* und behielt ihren Einfluss bis zum Niedergang der *Freak Shows*. Doch war sie in ihrer vollendeten Ausprägung nur ein Phäno-

---

[24] So lief Charles Stratton mit einem 25cm-Schwert über die Bühne, exerzierte militärische Übungen (vgl. Bogdan 1988: 150), lief als drolliger Held unter den Beinen von Erwachsenen hindurch, agierte in einem Schuh oder wurde in einem Kuchen serviert (vgl. Dennett 1996: 317).

men der Präsentation einzelner *Midgets* und erlebte ihren Höhepunkt zwischen 1840 und 1890. Sie ging ab den 1890er Jahren in der Inszenierungsweise von *Midget*-Ensembles auf, die Kleinwuchs mit „*Performance*" (definiert als musikalische, theatralische oder akrobatische Bühnenauftritte) verbanden und mithin mit Talent. Waren auch die Inszenierungen einzelner *Midgets* oft mit Formen von *Performance* verbunden, so hatten sich diese doch auf dilettantische, possenhafte[25] Untermalungen ihrer Niedlichkeit beschränkt. Mit den *Midget*-Ensembles aber wurde die *Performance* als angebliche Präsentation von Talent professionell, so dass die Inszenierung der Ensembles nicht primär als eine Imitation der erwachsenen Lebenswelt, sondern als eine Imitation der erwachsenen Show-Welt erlebt worden sein durften. Dass auch die Bühnendarbietungen als *Freak Show*s verstanden werden müssen, zeigt sich bereits daran, dass es auch bei den Auftritten der *Midget*-Ensembles vorrangig um die Ausstellung und Inszenierung von Kleinwuchs ging und viele Varieté-Ensembles eher auf den großen Auftritt mit kostbarer Aufmachung und opulenter Bühne als auf Qualität setzten (vgl. Adelson 2005b: 26).

Dieser Inszenierungsmodus aus Niedlichkeit und Talent stand im Zusammenhang mit dem *Vaudeville* (Varieté), das als unterhaltsame Mischung aus Musik und Tanz ab den 1880ern in Folge des sich immer weiter ausbreitenden Unterhaltungsmarktes mit seiner Vervielfältigung der Entertainment-Angebote in Erscheinung trat. Die im 2. Kapitel skizzierten gesellschaftlichen Veränderungen - wirtschaftlicher Fortschritt, Urbanisierung, wachsender Wohlstand und Humanisierung des Arbeitsmarktes mit verkürzter Arbeits- und verlängerter Freizeit - hatten zur Folge, dass sich ein großes potenzielles und anspruchsvolleres Publikum herausbildete, dass sich auch einer immer größeren und einfallsreicher agierenden Unterhaltungsindustrie gegenübersah. Die Nachfrage nach einem „Mehr" an Unterhaltungsvarianten als Wunsch der Zuschauer wurde mit einem angebotenen „Mehr" des Marktes beantwortet, zumal auch immer stärker die Frauen als Publikum auftraten und in den Fokus der Unterhaltungsbranche gerieten[26] (vgl. Merish 1996: 196), deren Macht im harten Konkurrenzkampf um

---

[25] Die *Performance* etwa von Charles Stratton basierte nicht auf Talent (vgl. Gerber 1996: 51). Seine Qualitäten waren eher die eines *Showman*, nicht die eines Performers (vgl. Bogdan 1988: 152).

[26] Bereits in der Hochzeit zwischen Charles Stratton und Lavinia Warren war stolz und vermehrt auf die massenhafte Anwesenheit von Frauen verwiesen worden (vgl. Sketch 1863: 9; „The Loving *Lilliputians*". 11.2.1863), die sich durch Werte wie Hochzeit, Ehe und Kinder angesprochen gefühlt haben müssen (vgl. Merish 1996: 193f).

zahlungswilliges Publikum nicht unterschätzt werden durfte. Der Schritt dahingehend, die beliebten *Midgets* in ein kulturelles Unterhaltungsprogramm einzubetten, war daher folgerichtig. Da ihnen als niedlichen Miniaturerwachsenen (und anders als den anderen *Freaks*) mit wohlwollender Belustigung begegnet wurde, waren sie als singende und tanzende Unterhaltungsmenschen für „die ganze Familie" einfach wie geschaffen. Das Inszenierungskonzept der Niedlichkeit blieb also auch für die *Midget*-Ensembles erhalten. Was sich indes änderte war der Aspekt der Absurdität. Dieser war nun nicht mehr an einen beanspruchten Status, sondern an einen Anspruch auf Anerkennung von Talent gebunden. Da es letztlich der Kleinwuchs - diese ästhetische „immaturity and powerlessness" (Gerber 1996: 49) - war, der im Mittelpunkt stand, war es nun das Talent, das *ad absurdum* geführt wurde. Hätte das Talent im Vordergrund gestanden, wären die Künstler als Künstler beworben worden und nicht als kleinwüchsige Künstler.

Der Bedarf nach einer Verbindung von Kleinwuchs und Show, der zur Herausbildung von *Midget*-Ensembles führte, lässt sich bereits an Kompositionen ablesen. Während Musikstücke wie etwa die 1864 von G. R. Cromwell komponierte „The Fairy Bride Polka" oder der „The Commodore Foote and Fairy Queen March" von 1880 aus der Feder von E. M. Mack noch speziell „zu Ehren" einzelner *Midgets* verfasst wurden (vgl. Roth/Cromie 1980: 75), war spätestens mit „The Dance of the *Midgets*", geschrieben 1898 für die Aufführung durch neun tanzende *Midgets*, der Übergang zur Gruppe vollzogen (vgl. Roth/Cromie 1980: 77). Auch Lavinia Warren, die Witwe von Charles Stratton, folgte dem Zeitgeist und trat zunächst mit der „General Tom Thumb Company" und ab den 1880ern als Mitglied der „Lilliputian Opera Company" auf (vgl. Roth/Cromie 1980: 65f). Zum Programm gehörten Arien, Tänze, Parodien und Opern wie „Pocahontas" (vgl. Bogdan 1988: 159), alle aufgeführt in glamouröser Garderobe und mit verschwenderischen Ausstattungen (vgl. Bodin, Walter und Hershey 1934: 230) in Anspielung auf einen absurden hochwohlgeborenen Status. Zur Gruppe gehörte auch Lavinias neuer Ehemann, Count Primo Magri (eigentlich Guiseppe Magri), der nicht nur singen und tanzen, sondern auch mehrere Instrumente spielen konnte (vgl. Roth/Cromie 1980: 66).

Die zahlreichen *Midget*-Ensembles der 1890er bis 1930er Jahre nannten sich „S. Horvath's *Midgets*", „Pearson's *Midgets*", „Rose's *Midgets*", „Gulliver's *Lilliputians*", „Bob Hermine's *Midget* Group", „Rossow's *Midgets*", „Henry Kramer's *Midget* Starlets", „Klinkart's *Midgets*" oder „Leo Singer's *Midgets*" (auch Singer *Midgets*, siehe Abbildung 7). Diese Namen heben den Kleinwuchs der Mitglieder nicht nur explizit durch ihre Bekanntmachung als *Midgets* oder *Lilliputians* zu Werbezwecken hervor, sondern vermitteln durch die possessive Voranstellung des Ensemble-Gründers auch den Eindruck, als handele es sich bei den *Midgets* und *Lilliputians* um Kinder, die einem überlegenen, erwachsenen Vater unterstehen. Ein weiteres Indiz dafür, dass die *Midget*-Ensembles als *Freaks* und ihre Darbietungen als *Freak Show*s verstanden werden müssen, zeigt sich in der Verschiebung des inszenatorischen Superlativs. Sind die einzeln inszenierten *Midgets* (wie im vorangegangenen Kapitel dargestellt) noch lediglich als etwa „the world's smallest man" (vgl. Roth/Cromie 1980: 51) bezeichnet worden, wurde der Kleinwuchs in den Ensembles nun zwar mit einem Talent verknüpft, aber immer noch im Superlativ hervorgehoben. Aus Jennie Quigley wurde die „smallest Lady Vocalist in the Profession" (vgl. Roth/Cromie 1980: 72), aus Ernest Rommel der „world's smallest comedian" und aus Carolina Hass „the Smallest Sketch Artist in the World" (Roth/Cromie 1980: 82). Und auch daran, dass sich die berühmte Doll Family als „The Dancing Dolls" in Szene setzte, zeigt sich, dass es nicht das Talent oder die eigentliche Darbietung war, die zahlungswilliges Publikum anziehen sollte, sondern das Talent in Verbindung mit Kleinwuchs. Und dieser Umstand machte auch die Bühnenpräsentationen der *Midget*-Ensembles zu *Freak Show*s. Wurde in den Einzelinszenierungen der *Midgets* ihr Anspruch auf einen höheren Status durch Verweis auf ihre Niedlichkeit *ad absurdum* geführt, so war es in den Inszenierungen der *Midget*-Ensembles ihr Talent, das durch den Bezug auf ihre Niedlichkeit konterkariert wurde.

4.4 Niedlichkeit und Bürgerpflicht: Die Inszenierung der Gemeinschaft

Die eingehende Beschäftigung mit Kleinwuchs muss unweigerlich zu der Erkenntnis führen, dass solch eine Kategorie (nicht mehr aber auch nicht weniger) das Resultat einer sozialen Konstruktion von Maßstab ist (vgl. Stewart 1984: 55). Mithin kann Kleinwuchs nur innerhalb einer Gesellschaft als physische Anomalie und Beeinträchtigung wahrgenommen werden, die ihn als Gegenentwurf zu einem normativen Standard definiert (vgl. Ablon 1984: 25ff), der die Bewältigung des alltäglichen Lebens auf eine bestimmte Körpergröße aufbaut. Kleinwuchs ist mithin relativ (zu definieren als in Relation zur durchschnittlich großen Mehrheitsgesellschaft stehend) und stellt keine intrinsische körperliche Beeinträchtigung dar (vgl. Davis 2002: 12). Er wird erst dann zu einer solchen und unweigerlich stigmatisiert von und in „a world scaled exclusively to the needs of the (presumed) majority" (Howells/Chemers 2005). Die „environmental"Herausforderungen und Probleme, die Kleinwüchsige in ihrem Leben be-

gegnen (vgl. What is LPA's ... 2015), zeigen sich als von der großen Mehrheitsgesellschaft errichtete „barriers to access" (Davis 2002: 12) und sind dement-
sprechend nicht (vorrangig) medizinischer, sondern sozialer bzw. kultureller Natur.[27] Ohne „mental or serious physical impairments, the lives of *Dwarfs* could
be completely normalized, with necessary adjustments made for logistical and
sizing difficulties" (Gerber 1996: 49). Ironischerweise wurde eine Auflösung
von Kleinwuchs als stigmatisierter Ausschluss von gesellschaftlicher Teilhabe
im Rahmen von *Freak Shows* erreicht. Als mit dem beginnenden 20. Jahrhundert und im Zusammenhang mit der Professionalisierung von Weltausstellungen
und Themenparks so genannte „*Midget Cities*" entstanden, wurde der Kleinwuchs zu einer Art gesellschaftlicher Bürgerpflicht in (wenn auch künstlich er-
schaffenen) Gemeinschaften, die den ehemals stigmatisierten Gegenentwurf zur
größenspezifischen Norm der Außenwelt sogar als Bedingung für Teilhabe vor-
schrieb. Dieses Phänomen der „Relativierung von Kleinwuchs" war zugleich die
extremste Form seiner Inszenierung, da es plötzlich die „normalen" Besucher
waren, die als physisch Andere den Anforderungen von Größe zuwiderliefen.

Als eine Begleiterscheinung der US-amerikanischen Weltausstellungen (definiert als „colossal displays of industry and commerce held on grounds specifi-
cally constructed for that purpose", Howells/Chemers 2005), die sich zwar
schon in der zweiten Hälfte des 19. Jahrhunderts etabliert hatten, aber erst im 20.
Jahrhundert zu einem Massenphänomen wurden, traten so genannte „*Midget Cities*" als unterhaltsame Themenparks auf. Dabei handelt es sich um Anlagen im
Miniatur-Maßstab, die an das eigentliche Ausstellungsgelände angegliedert waren und ausschließlich (zwischen 70 und 300) Kleinwüchsige beherbergten, die
dort arbeiteten und lebten (vgl. Howells/Chemers 2005). Zu den drei berühmtesten „*Midget* Cities" der USA gehörten das 1904 von Samuel Gumpertz auf
Coney Island etablierte „Lilliputia" (1904-1911, siehe Abbildung 8), die „*Midget* City" der „Century of Progress International Exposition of Chicago"
(1933/34) sowie das „*Midget* Village" nebst „*Midget* Farm" der California Pa-
cific International Exposition in San Diego (1935). Abgesehen von einigen für
das Thema dieser Arbeit unerheblichen Unterschieden war all diesen Anlagen

---

[27] Kleinwüchsige sind natürlich auch dann gehandicapped, wenn eine Aufgabe zur Bewältigung normaler menschlicher Größe bedarf wie am Beispiel von Che-Mah verdeutlicht werden
kann, der kurzzeitig das Show-Geschäft verlassen und auf einer Farm gearbeitet hat, wo er
u.a. mehrere Stunden benötigte, um ein einziges Pferd zu satteln (vgl. Hartzman 2006: 27). Er
kehrte desillusioniert zum Show-Geschäft zurück (vgl. Roth/Cromie 1980: 17).

gemeinsam, dass sie nur von Kleinwüchsigen[28] bewohnt und in ihrer Ausstattung gänzlich deren größenspezifischen Bedürfnissen angepasst waren - von den Möbelstücken in den Wohnungen bis hin zur Miniatur-Feuerwache mit Miniatur-Feuerlöschfahrzeug. Alle verfügten über eine eigene gewählte und politisch bisweilen sehr aktive Regierung (vgl. Roth/Cromie 1980: 125) und funktionierten wie normale Kleinstädte, nur dass es Kleinwüchsige waren, die dort ihrem ganz normalen Tagesablauf nachgingen (vgl. Dennett 1996: 319). In einem Newsletter der Century of Progress International Exposition etwa heißt es über die sich von einem „*Midget* Village" in eine „*Midget* City" entwickelte Anlage, sie habe „a municipal building, a mayor, a city council, a police department, a department of public works, a church, a newspaper, a school, and everything to give evidence that it has matured from a young village into a healthy, enterprising city bustling with activity" (*Midget* Village Graduates into *Midget* City 1934: 1). Die Kleinwüchsigen waren zwar allesamt professionelle *Show People* (vgl. Adelson 2005b: 27), arbeiteten nun aber als Verkäufer, Fleischer, Bäcker, Ladenbesitzer, Rettungsschwimmer sowie in Souvenirläden und Restaurants oder im Theater als Musiker, Tänzer oder Schauspieler (vgl. Official Guide 1933). Nach den täglichen Schlusszeiten der Themenparks hörten die „*Midget* Cities" aber auf, Ausstellungsstädte zu sein und wurden zu „gewöhnlichen" Wohngegenden (vgl. Howells/Chemers 2005).

Dass diese „*Midget* Cities" zu den *Freak Show*s gezählt werden müssen, erklärt sich daraus, dass der Zweck ihrer Etablierung einzig und allein in der organisierten Ausstellung physischer Andersartigkeit aus Gründen von Unterhaltung und Profit lag. Bereits der erhobene Eintrittspreis von etwa 25 Cent (vgl. Roth/Cromie 1980: 123) beweist, wessen Geistes Kind sie waren. Jedoch war die Art der Inszenierung der Kleinwüchsigen bezüglich des *Staging*s eine gänzlich andere und wesentlich radikalere als jene, welche in den Kapiteln 4.1 bis 4.3 beschrieben wurde. Die Unterschiede lagen allerdings nicht darin, Kleinwuchs unkommentiert zu lassen. Er wurde noch immer mit den bewerten Mustern der Falschdarstellung - Intensivierung des Kleinwuches und Fabrikation der Identität - in Szene gesetzt, wenn auch nun auf eine Gemeinschaft bezogen. So ließ Gumpertz besonders große Männer (bisweilen sogar „Giganten") die Besucher durch „Lilliputia" führen, während im „*Midget* Village" in Chicago zwar ein

---

[28] Die einzigen „normal „ großen Bewohner waren die Familienangehörigen von Kleinwüchsigen, die den genetischen Defekt ihrer Verwandten nicht teilten (vgl. Roth/Cromie 1980: 122). Weiterhin ist hervorzuheben, dass manche Quellen den Verdacht nahe legen, dass nicht nur *Midgets* dort lebten, sondern auch *Dwarf*s (vgl. Howells/Chemers 2005).

Miniatur-Restaurant betrieben wurde, dieses aber „full size meals" (Roth/Cromie 1980: 123) für Touristen anbot. Durch Anspielungen auf „distant lands" erhielten die Bewohner der „*Midget* Cities" eine gemeinschaftlich fabrizierte Identität: Ihre wirkliche Herkunft wurde werbetechnisch verschleiert (vgl. Howells/Chemers 2005) und architektonisch verklärt, indem bspw. das „*Midget* Village" der Century of Progress Exposition in Chicago zu einer „reproduction - reduced to *Midget* scale - of the ancient Bavarian City of Dinkelspuhl" (Official Guide Book to the Fair 1933) deklariert wurde und im Zentrum von „Lilliputia" das fremdländisch klingende und aussehende „Katzenjammer Castle" stand (vgl. Howells/Chemers 2005).

Die Neuartigkeit in der Inszenierungsweise von Kleinwuchs in den „*Midget* Cities" lag in der Trennung zwischen „on stage" und „off stage" und zwischen dem „Wir" und dem „Sie", wodurch Größenverhältnisse relativiert wurden. Nun waren es die „normal" großen Besucher, die als „physisch Andere „ ihre Körper in einer Umgebung als unpassend wahrnehmen mussten, die völlig auf die Bedürfnisse von Kleinwüchsigen zugeschnitten war (vgl. Adams 2001: 69). Durch diese Relativierung von Kleinwuchs bildeten *Midgets* in einer auf ihre Größe hin ausgestatteten Welt die Mehrheit, „in which, consequently, it was the giant-sized outsiders who became the figures of fun (or even outright hostility)" (Howells/Chemers 2005). Die Schaulustigen hatten aufgehört schauende Subjekte zu sein, die betrachtete Objekte auf einer Bühne sahen, und waren selbst zu Ausgeschlossenen aus einer Welt geworden, zu der gleichberechtigten Zutritt nur diejenigen hatten, die die Bürgerpflicht des Kleinwuchses erfüllten. Kleinwuchs zeigte sich nicht länger als Beeinträchtigung: Er war zur gemeinschaftlichen Voraussetzung geworden.

Die Inszenierung durch Relativierung von Kleinwuchs hatte zudem den positiven Effekt, auf der Basis eines „access to public spaces, utility of tools and furnishings „ (Howells/Chemers 2005) den einst stigmatisierten Bewohnern ein normales Leben innerhalb einer Kleinwuchs als Norm anerkennenden Mehrheitsgesellschaft zu ermöglichen (vgl. Dennett 1996: 319). Obwohl die „*Midget* Cities" rein kommerzielle Anlagen waren, die den Kleinwuchs der Bewohner möglichst profitabel nutzbar machten, ermöglichten sie ihren Einwohnern dennoch ein gewisses Maß an Selbstwirksamkeit. Die Konzepte von Niedlichkeit und Absurdität auf der einen und Niedlichkeit und Talent auf der anderen Seite waren nur noch in Bruchstücken lebendig in einer Umgebung, in der Kleinwuchs zum positiven Ausdruck von Zugehörigkeit „on the basis of shared marginality" (Adams 2001: 42)[29] werden konnte.

---

[29] Es muss aber angeführt werden, dass zuverlässige Daten und Quellen darüber fehlen, wie das Leben innerhalb der „*Midget* Cities" von den Kleinwüchsigen selbst wahrgenommen wurde (vgl. Howells/Chemers 2005). Daher gründen sich die Einschätzungen über den positiven Nebeneffekt dieser speziellen Art von *Freak Show*s nur auf Annahmen.

Geprägte Identität: Zusammenfassung

Diese Arbeit hat die Inszenierung (definiert als Zusammenfassung aller Präsentationsmodi eines Menschen als *Freaks*) von Kleinwuchs in den *Freak Shows* der USA in den Fokus genommen und dafür den historischen Rahmen zwischen etwa 1840 und 1940 festgelegt. Diese zeitliche Einordnung ergibt sich daraus, dass *Freak Shows* (definiert als organisierte Menschenausstellungen zum alleinigen Zwecke von Unterhaltung und Profit) in den 1840ern durch ihre Anbindung an respektable und wissenschaftlich ausgerichtete Institutionen (wie v.a. Museen) den Rang einer angemessenen Freizeitgestaltung erlangt hatten, den sie im 20. Jahrhundert in Folge von Medikalisierung, Eugenik und der aufkommenden Sensibilität gegenüber physischer Versehrtheit im Zuge der beiden Weltkriege wieder verlieren sollten. Konnte eine eindeutige Veränderung in der Inszenierung von Kleinwüchsigen (definiert als Menschen, die von der größenspezifischen Norm der durchschnittlichen Mehrheitsgesellschaft signifikant abwichen und entweder lediglich oder hauptsächlich aufgrund dieser Abweichung als *Freaks* inszeniert wurden) auch herausgearbeitet werden, so war diese nicht (direkte) Folge neuer wissenschaftlicher Erkenntnisse und Annahmen oder gesellschaftlicher Neuorientierungen im Allgemeinen. Sie basierte eher auf den Veränderungen innerhalb der Unterhaltungsindustrie im Speziellen, die nachweislich beeinflusst wurde von der gesellschaftlichen Akzeptanz der *Freak Shows* als respektable Unterhaltung. Mit dem Legitimationsverlust und dem Niedergang der *Freak Shows* hörten sie auf, der Rahmen zu sein, in dem eine Inszenierung von Kleinwuchs möglich war. Damit ist die Annahme, dass sich historische wie gesellschaftliche Ereignisse und Prozesse innerhalb der zu untersuchenden einhundert Jahre auch auf die Inszenierung von Kleinwüchsigen ausgewirkt haben müssen, zwar zu bejahen, aber nur in Hinblick auf die Akzeptanz organisierter Menschenaustellungen an sich. Dass Kleinwüchsige überhaupt inszeniert wurden, korrespondierte mit dem Fakt, dass Inszenierungen von *Freaks* ein festes Charakteristikum von *Freak Shows* waren, die den Mangel an wissenschaftlichen Erklärungen für physische Andersartigkeit reißerisch auszunutzen wussten, um möglichst viel zahlungswilliges Publikum anzulocken. Während *Dwarfs* (definiert als disproportionale Kleinwüchsige) aufgrund ihrer zweifachen physischen Andersartigkeit als grotesk verhunzte Erwachsene wahrgenommen und im exotischen Modus inszeniert wurden, der die damalige US-amerikanische Faszination für ferne Kontinente und Expeditionen dahin aufgriff, verschob sich die Inszenierung von *Midgets* (definiert als proportionale Kleinwüchsige) dahingehend, dass zunächst ihr Anspruch auf Erwachsensein und anschließend ihr Anspruch auf Talent durch Betonung ihrer kindlichen Niedlichkeit *ad absurdum* geführt wurde. Mit dem Aufkommen so genannter „*Midget* Cities" im 20. Jahrhunderts aber trat ihr Kleinwuchs als Bedingung für das Leben in einer Gemeinschaft auf, die Größe als gesellschaftliche Norm völlig anders definierte und mithin relativierte.

*Freak Show*s waren daher zwar Institutionen, die den von der durchschnittlich großen Mehrheitsgesellschaft stigmatisierten Kleinwuchs durch Rückgriff auf Stereotype und Klischees wirtschaftlich verwerteten. Andererseits boten sie Kleinwüchsigen auch die Möglichkeit, ihre physische Andersartigkeit zu nutzen, um Anerkennung, Erfolg und sogar Berühmtheit zu erlangen. Da Kleinwüchsige an ihrer Inszenierung aktiv Anteil nahmen (oder nehmen konnten) und sich mit der Welt der *Show People* identifizierten, fungierten *Freak Show*s für sie auch als soziale Inseln, die ihre beschädigten Identitäten prägten und ihnen dort Selbstwirksamkeit zugestanden haben, wo das Mitleid allein sie ihnen abgesprochen hätte.

Wenn vielleicht auch nichts bleibt von diesen hier wissenschaftlich so sauber dokumentierten Fakten, die auch anders hätten ausgelegt werden können, so bleibt doch vielleicht das tiefe Verständnis dafür, dass Kleinwuchs eine der radikalsten Formen physischer Andersartigkeit ist, die sich denken lässt. Denn dieses Stigma, das in alle wesentlichen miniaturmenschlichen Bereiche wie Liebe, Anerkennung, Respekt und Identität hieneinkriecht und sie beschädigend verzerrt, hört nur auf eines zu sein, in einer Welt, in der Kleinwuchs zur Norm und mithin „normal" werden kann.

Was macht es schon aus, kleinwüchsig zu sein? Alles!

Abbildungen

Abbildung 1: Che-Mah. Cabinet Card. 1891. Photograph unbekannt. (Eingesehen am 16.9.2015 auf https://everybody.si.edu/media/696).

Copyright Secured by W. E. Bowman, 1889.

"THE LITTLE ESQUIMAUX LADY."

MISS OLOF KRARER,

Abbildung 2: Miss Olof Krarer. „The Little Esquimaux Lady". 1889. Photograph: W. E. Bowman. (Eingesehen am 23.8.2015 auf www.sideshowworld.com/43-Little-Folks/66-Little-E/Lady1.html).

Abbildung 3: P. T. Barnum und George Washington Morrison Nutt („Commodore Nutt"). 1863. Photograph: C. D. Fredericks. (Eingesehen am 28.9.2015 auf http://allday.com/post/1046-real-american-freak-shows/).

Abbildung 4: Francis Joseph Flynn („General Mite"). 1876. Photograph unbekannt. (Eingesehen am 14.9.2015 auf http://allday.com/post/1046-real-american-freak-shows/).

Abbildung 5: „Half an Hour with General Mite". Marlborough Express. Volume XXVII. Issue 218. 26.9.1891. Seite 2. (Eingesehen am 4.10.2015 auf http://lostchristchurch.org.nz/mrs-general-mite-millie-edwards).

TOM THUMB, WiFE AND CHILD.

Abbildung 6: Charles Stratton („General Tom Thumb") und Lavinia Warren mit Kind.
Ca. 1865. Photograph: Mathew Brady. (Eingesehen am 5.9.2015 auf
https://dcphotoartist.files.wordpress.com/2012/02/tomthumbwifechildcdv.jpg)

"Papa Carl" surrounded by the Singer Midgets

Abbildung 7: Singer Midgets (mit Carl Laemmle, genannt „Papa Carl"). Ca. 1926. Photograph unbekannt. (Eingesehen am 5.10.2015 auf www.flickr.com/photos/charmainezoe/5706987357/in/photostream).

Abbildung 8: „Lilliputia" (Dreamland, Coney Island): Feuerwehr und Polizei. Ca. 1905. (Eingesehen am 7.10.2015 auf www.westland.net/coneyisland/mapsdocs/images/dr-midgetfireman.jpg).

Literatur- und Filmverzeichnis

Primärliteratur

Barnum, Phineas T. (1855): The Life of P .T. Barnum. New York: Redfield.

Barnum, Phineas T. (1871): Struggles and Triumphs. New York: American News Company.

Barnum, Phineas T. (1888): How I Made Millions: The Life of P. T. Barnum. New York: G. W. Dillingham.

Bodin, Walter und Burnet Hershey (1934): It's a Small World: All about Midgets. New York: Coward McCann.

Circus and Museum Freaks: Curiosities of Pathology. Scientific America Supplement. 65 (4.4.1908).

„Death of the Infant Daughter of General Tom Thumb". *Louth and North Lincolnshire Advertiser.* 29.9.1866. (Eingesehen am 24.8.2015 auf http://lynnswaffles.blogspot.de/2014/11/charles-sherwood-stratton-or-general.html).

Encyclopædia Britannica (1910-1911). New York: The Encyclopædia Britannica Company.

Encyclopædia Britannica (1947). London, Chicago & Toronto: The Encyclopædia Britannica Company.

Encyclopædia Britannica (1968). London, Chicago & Toronto: The Encyclopædia Britannica Company.

Fellows, Dexter W. (1936): This way to the big show: The life of Dexter Fellows. New York: Viking Press.

Gilliams, E. Leslie (1922): *Side-Show Freaks as Seen by Science.* Illustrated World 38: 213-215.

„Half an Hour with General Mite". *Marlborough Express.* Volume XXVII. Issue 218. 26.91891.

Havelock, Ellis (1906): Erotic Symbolism. The Mechanisms of Detumescence. The Psychic State in Pregnancy (Studies in the Psychology of Sex, Vol. 5). Philadelphia.

Isman, Felix (1924): Weber and Fields. New York: Boni and Liveright.

Krarer, Olof (1887): The Esquimaux Lady: A Story of her Native Home. Ottawa: Press of W. Osmon & Sons.

Lees, Hannah (1937): Side Show Diagnosis. Collier's 99:224.

„Midget Village Graduates into Midget City." (1934): Progress, Newsletter of the Century of Progress International Exposition, v. 4 no. 10.

„Michigan Penal Code" (Auszug), Act 328 vom 18.9. 1931: Paragraph 750.347. (Eingesehen am 11.9.2015 auf www.legislature.mi.gov/%28S%28ol14umfyxrq1tcmt3boivxfj%29%29/mileg.aspx?page=getObject&objectName=mcl-750-347).

Official Guide Book to the Fair. 1933. Chicago: Century of Progress.

Roth, Hy and Robert Cromie (1980): The Little People. New York: Everest House.

Saxon, A. H. (1979): The Autobiography of Mrs. Tom Thumb. Hameden: Archon Books.

Sketch Of The Life, Personal Appearance, Character And Manners Of Charles S. Stratton, The Man In Miniature, Known As General Tom Thumb, And His Wife, Lavinia Warren Stratton (1863). New York: Press of Wynkoop & Hallenbeck. (Eingesehen am 23.8.2015 auf www.disabilitymuseum.org/dhm/lib/detail.html?id=693&page=all).

A Sketch of The Life of The Russian Prince. (Begleittext auf einer Cabinet Card, c. 1900.) Ronald G. Becker Collection of Charles Eisenmann Photographs. (Eingesehen am 24.8.2015 auf www.missioncreep.com/mundie/gallery/little/little24.htm).

„The Loving Lilliputians." New York Times. 11.2.1863. (Eingesehen am 19.8.2015 auf www.nytimes.com/1863/02/11/news/loving-lilliputians-warren-thumbiana-marriage-general-tom-thumb-queen-beauty-who.html).

Sekundärliteratur

Ablon, Joan (1984): Little People in America. The Social Dimensions of Dwarfism. New York: Praeger.

Adelson, Betty M. (2005a): Dwarfism: Medical and Psychosocial Aspects of Profound Short Stature. Baltimore: Johns Hopkins University Press.

Adelson, Betty M. (2005b). The Lives Of Dwarfs: Their Journey From Public Curiosity Toward Social Liberation. Rutgers University Press.

Adams, Rachel (2001): Sideshow U.S.A. Freaks and the American Cultural Imagination. Chicago: University of Chicago Press.

Bassham, Ben L. (1978): The Theatrical Photographs of Napoleon Sarony. Kent, Ohio: Kent State University Press.

Bjornsdóttir, Inga D. (2010): Ólöf. The Eskimo Lady: A Biography of an Icelandic Dwarf in America. Ann Arbor: University of Michigan Press.

Bogdan, Robert (1988): Freak Show. Presenting Human Oddities for Amusement and Profit. Chicago: University of Chicago Press.

Clair, Colvin (1968): Human Curiosities. New York: Abelard-Schuman.

Daniels, George (1968): American Science in the Age of Jackson. New York: Columbia University Press.

Davis, Lennard J. (2002): Bending Over Backwards: Disability, Dismodernism & Other Difficult Positions. New York: New York University Press.

Dennett, Andrea S. (1996): The Dime Museum Freak Show Reconfigured as Talk Show. In: Rosemarie G. Thomson (Hrsg.): Freakery: Cultural Spectacles of the Extraordinary Body. New York: NYU Press, 315-326.

Desmond, Alice C. (1954): Barnum presents General Tom Thumb. New York: Macmillan.

Drash, Philip W., Nacy E. Greenberg und John Money (1968): „Intelligence and Personality in Four Syndromes of Dwarfism." In *Human Growth*, hrsg. von D.B. Cheek. Philadelphia: Lea & Febiger, 568-581.

Drimmer, Frederick (1991): Very Special People. New York: Citadel Press.

Fiedler, Leslie A. (1978): Freaks. Myths and Images of the Secret Self. New York: Anchor Books.

Fretz, Eric (1996): P. T. Barnum's Theatrical Selfhood and the Nineteenth-Century Culture of Exhibition. In: Rosemarie G. Thomson (Hrsg.): Freakery: Cultural Spectacles of the Extraordinary Body. New York: NYU Press, 97-107.

Gerber, David A. (1996): The 'Careers' of People Exhibited in Freak Shows: The Problem of Volition and Valorization. In: Rosemarie G. Thomson (Hrsg.): Freakery: Cultural Spectacles of the Extraordinary Body. New York: NYU Press, 38-54.

Goffman, Erving (1959): The Presentation of Self in Everyday Life. Garden City: Doubleday.

Goffman, Erving (1963): Stigma. Notes on the Management of Spoiled Identity. Englewood Cliffs, N.J.: Prentice-Hall.

Gresham, William L. (1953): Monster Midway. An Uninhibited Look at the Glittering World of the Carny. New York: Rinehart.

Harris, Neil (1973): Humbug: The Art of P. T. Barnum. Chicago: University of Chicago Press.

Hartzman, Marc (2006): American Sideshow. New York: Tarcher.

Hawkins, Joan (1996): 'One of Us': Tod Browning's Freaks. In: Rosemarie G. Thomson (Hrsg.): Freakery: Cultural Spectacles of the Extraordinary Body. New York: NYU Press, 265-276.

Howells, Richard P. und Michael M. Chemers (2005): „Midget Cities: Utopia, Utopianism, and the Vor-schein of the 'Freak' Show" *Disability Studies Quarterly*, 25:3. (Eingesehen am 1.9.2015 auf http://dsq-sds.org/article/view/579/756).

Johnston, Francis E. (1963): „Some Observations on the Roles of Achondro-plastic Dwarfs Through History." *Clinical Pediatrics* 2: 703-708.

McKennon, Joe (1972): A Pictorial History of the American Carnival. Sarasota, Fla: Carnival Publishers.

Merish, Lori (1996): Cuteness and Commodity Aesthetics: Tom Thumb and Shirley Temple. In: Rosemarie G. Thomson (Hrsg.): Freakery: Cultural Spectacles of the Extraordinary Body. New York: NYU Press, 185-203.

Miller, Howard (1970): Dollars for Research. Seattle: University of Washington Press.

Mitchell, Michael (1979): Monsters of the Gilded Age. Toronto: Gage.

Nickell, Joe (2005): Secrets of the Sideshows. Lexington, Kentucky: The University Press of Kentucky.

Ostman, Ronald E. (1996): Photography and Persuasion: Farm Administration Photography of Circus and Carnival Sideshows, 1935-1942. In: Rosemarie G. Thomson (Hrsg.): Freakery: Cultural Spectacles of the Extraordinary Body. New York: NYU Press, 121-136.

Starr, Paul (1982): The Social Transformation of American Medicine. New York: Basic Books.

Stewart, Susan (1984): On Longing: Narratives of the Miniature, the Gigantic, the Souvenir, the Collection. Baltimore: John Hopkins University Press.

Thompson, C.J. (1968): The Mystery and Lore of Monsters. New York: Bell.

Thomson, Rosemarie G. (1997): Extraordinary Bodies. Figuring Physical Disability in Americas Culture and Literature. New York.

Thomson, Rosemarie G. (1996): Introduction: From Wonder to Error: A Genealogy of Freak Discourse in Modernity. In: Rosemarie G. Thomson (Hrsg.): Freakery: Cultural Spectacles of the Extraordinary Body. New York: NYU Press, 1-19.

Tuan, Yi-Fu (1984): Dominance and Affection: The Making of Pets. New Haven: Yale University Press.

Webster's II New Collegiate Dictionary (1999), 2. erweiterte Ausgabe. Boston & New York: Houghton Mifflin Company.

„What is LPA's position on the implications of these discoveries in genetics?" Little People of America Online. (Eingesehen am 1.9.2015 auf http://www.lpaonline.org/faq-#LPAPosition).

Weber, Max (1919): Wissenschaft als Beruf. In: Max Weber: Geistige Arbeit als Beruf. Vier Vorträge vor dem Freistudentischen Bund, Bd. 1. Tübingen: Mohr, 1-24.

Filmverzeichnis

Freaks (1932). Regie: Tod Browning. Produktion: Tod Browning und Irving Thalberg. Drehbuch: Al Boasberg, Willis Goldbeck, Leon Gordon und Edgar Allan Woolf. Hauptdarsteller: Olga Baclanova, Harry Earles, Henry Victor, Daisy Earles, Leila Hyams, Wallace Ford und Roscoe Ates. Metro-Goldwyn Mayer. (Eingesehen am 3.9.2015 auf www.dailymotion.com/video/x23f1ji_freaks-1932-full-movie_shortfilms).